Heróis da Humanidade

Louis Pasteur

Ciranda Cultural

Dados Internacionais de Catalogação na Publicação (CIP) de acordo com ISBD

M921L	Buchweitz, Donaldo
	Louis Pasteur / Donaldo Buchweitz ; ilustrado por Eduardo Vetillo - Jandira, SP: Ciranda Cultural, 2022.
	24 p.: il.; 25,00 cm x 25,00 cm - (Heróis da humanidade – edição bilíngue).
	ISBN: 978-65-261-0038-7
	1. Literatura infantojuvenil. 2. Gênio. 3. Química. 4. Biografia. 5. Medicina. 6. Bilíngue. I. Vetillo, Eduardo. II. Título. III. Série.
2022-0594	CDD 028.5 / CDU 82-93

Elaborado por Lucio Feitosa - CRB-8/8803
Índice para catálogo sistemático:
1. Literatura infantojuvenil 028.5
2. Literatura infantojuvenil 82-93

© 2022 Ciranda Cultural Editora e Distribuidora Ltda.
Produção: Ciranda Cultural
Texto @ Donaldo Buchweitz
Ilustrações: Eduardo Vetillo
Preparação de texto: Karina Barbosa dos Santos
Revisão: Maitê Ribeiro e Lígia Arata Barros
Versão e narração em inglês: Melissa Mann

1ª Edição em 2022
www.cirandacultural.com.br

Heróis da Humanidade

Louis Pasteur

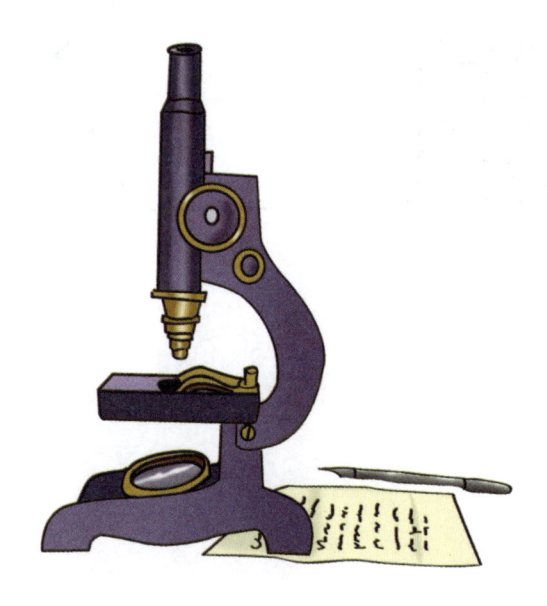

Ouça a narração
em inglês:

Louis Pasteur nasceu em Dôle, uma aldeia na região de Borgonha-Franco--Condado, na França, em 1822. Na Rue des Tanneurs, em uma casa simples, o pai se permitia sonhar com um futuro promissor. "Faremos dele um homem culto", dizia à mulher.

Louis Pasteur was born in Dole, a town in France's Bourgogne-Franch-Compté region in 1822. From the family's humble house on Rue des Tanneurs, Pasteur's father encouraged the family to dream of a promising future. "He will become a man of culture," he said to his wife.

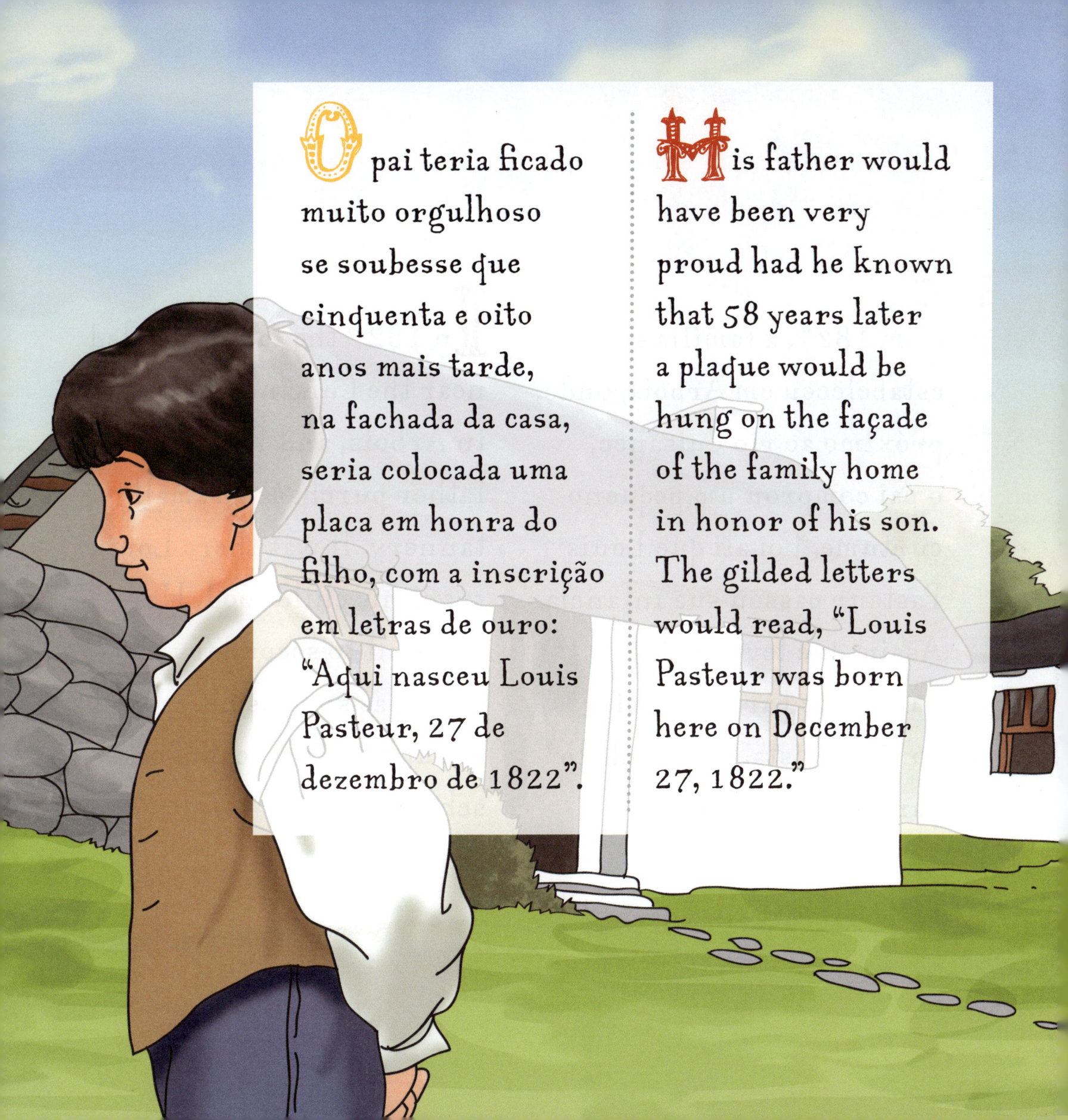

O pai teria ficado muito orgulhoso se soubesse que cinquenta e oito anos mais tarde, na fachada da casa, seria colocada uma placa em honra do filho, com a inscrição em letras de ouro: "Aqui nasceu Louis Pasteur, 27 de dezembro de 1822".

His father would have been very proud had he known that 58 years later a plaque would be hung on the façade of the family home in honor of his son. The gilded letters would read, "Louis Pasteur was born here on December 27, 1822."

Em 1827, a família se estabeleceu em Arbois, onde, próximo ao rio Cuisance, o pai comprou um pequeno curtume. Foi ali que Louis Pasteur passou sua infância. Assim que teve idade suficiente para ser aceito como bolsista, foi mandado para o colégio.

In 1827 the family settled near the Cuisance River in Arbois, and Pasteur's father purchased a small tannery. It was there Louis spent his childhood. He was sent to secondary school as soon as he was old enough to be accepted on scholarship.

Nessa época, Louis Pasteur gostava de desenhar retratos. Alguns desses retratos ainda podem ser vistos nas casas de Arbois, todos com a assinatura dele. Na época, ele tinha apenas treze anos, mas a precisão dos desenhos é surpreendente.

In those days Louis Pasteur enjoyed drawing portraits. Some of his portraits can still be seen in the houses in Arbois, all signed by the artist. He was merely 13 years old at the time, but the accuracy of his work was astonishing.

Como o Colégio de Arbois não tinha professor de Filosofia, Pasteur trocou-o por Besançon. Lá, recebeu o grau de bacharel e foi nomeado tutor no mesmo colégio. Nos intervalos de suas funções, ele seguia o curso de matemática, necessário para prepará-lo para os exames da universidade.

Since the school in Arbois did not have a philosophy teacher, Pasteur transferred to Besançon. He graduated with a bachelor's degree and was named a tutor at the school. In between tasks he studied mathematics in preparation for the university entrance exams.

O gosto pela química manifestou-se durante as aulas de um professor chamado Darlay, a quem fazia muitas perguntas. Os questionamentos eram tantos que o professor, bastante perplexo, declarou que cabia a ele interrogar Pasteur e não a Pasteur interrogá-lo.

His love of chemistry became evident in a class taught by Professor Darlay, to whom Pasteur posed many questions. He asked so many questions that the professor, a bit perplexed, said it befits the professor to question the student, not the student to question the teacher.

Ao saber que em Besançon vivia um boticário que se destacara por um artigo em uma famosa revista de química, Pasteur procurou o homem, para ver se ele concordava em lhe dar aulas secretamente. Ao concluir a universidade, mudou-se para Paris.

When Pasteur found out there was a pharmacist living in Besançon who was well known for an article he had written in a chemistry journal, Pasteur sought out the man and tried to convince him to tutor Pasteur in secret. After Pasteur graduated from university he moved to Paris.

O gosto de Pasteur pela química havia se tornado uma paixão. Nessa época, a química era ensinada na Sorbonne por M. Dumas e na École Normale por M. Balard. Pasteur costumava passar seus domingos como assistente de M. Dumas. Ele não pensava em nada além de experimentos.

Pasteur's love for chemistry had turned into a passion. Back then chemistry was taught at the Sorbonne by Monsieur Dumas and at the École Normale by Monsieur Balard. Pasteur would spend his Sundays with Monsieur Dumas' assistant. He thought of nothing else but experiments.

Pasteur é considerado um dos três principais fundadores da microbiologia, juntamente com Ferdinand Cohn e Robert Koch. Também fez muitas descobertas no campo da química, principalmente a respeito da base molecular para a assimetria de certos cristais.

Pasteur is considered one of the three main founders of microbiology along with Ferdinand Cohn and Robert Koch. He also made several discoveries in chemistry, mostly regarding the molecular basis for the asymmetry of certain crystals.

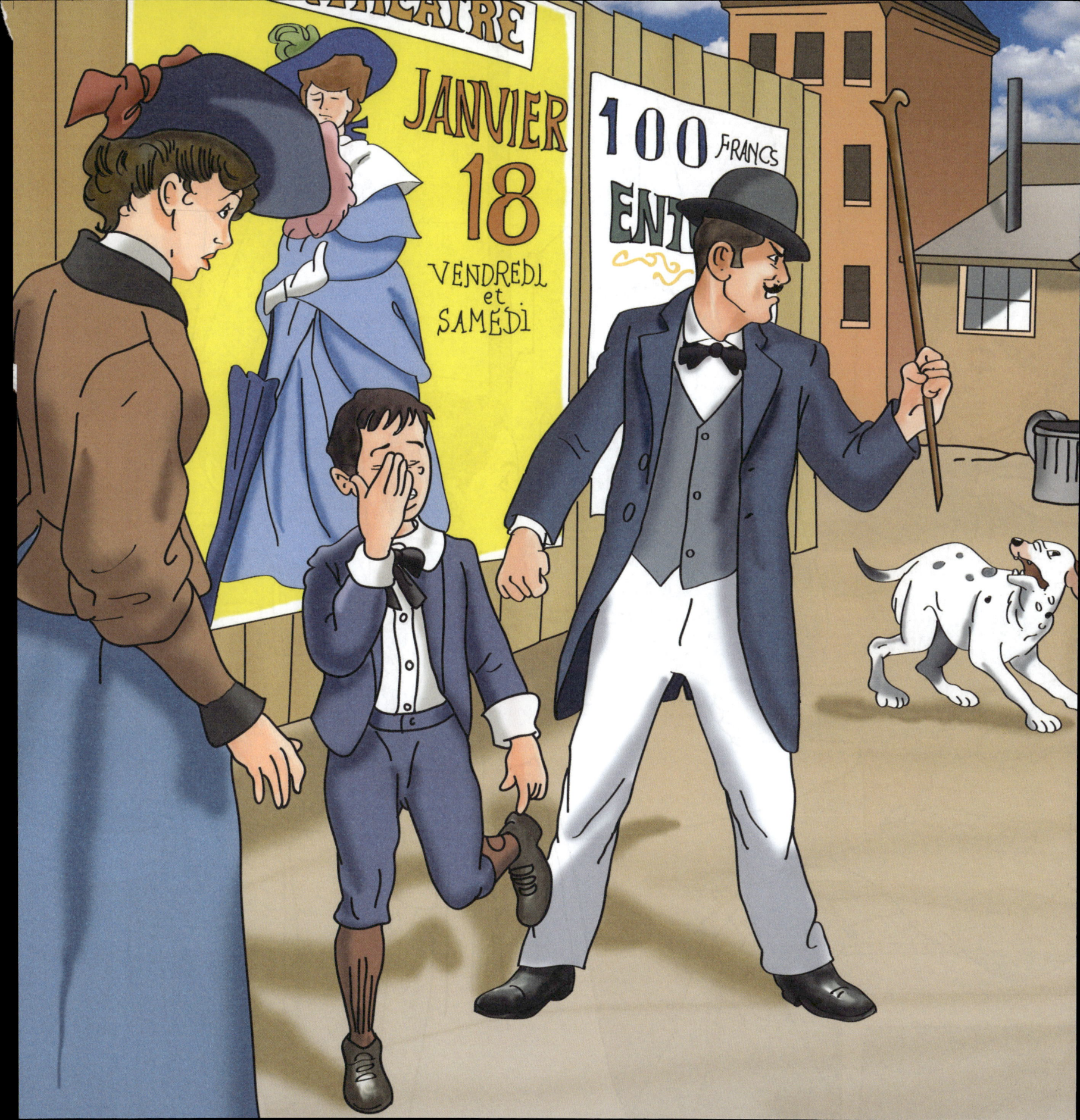

Ele se tornou conhecido do público em geral por inventar um método para impedir que leite e vinho provoquem doenças, um processo que veio a ser chamado pasteurização, em homenagem ao seu sobrenome.

Louis Pasteur became a household name after inventing a way to stop milk and wine from causing disease through a process known as pasteurization – in honor of his last name.

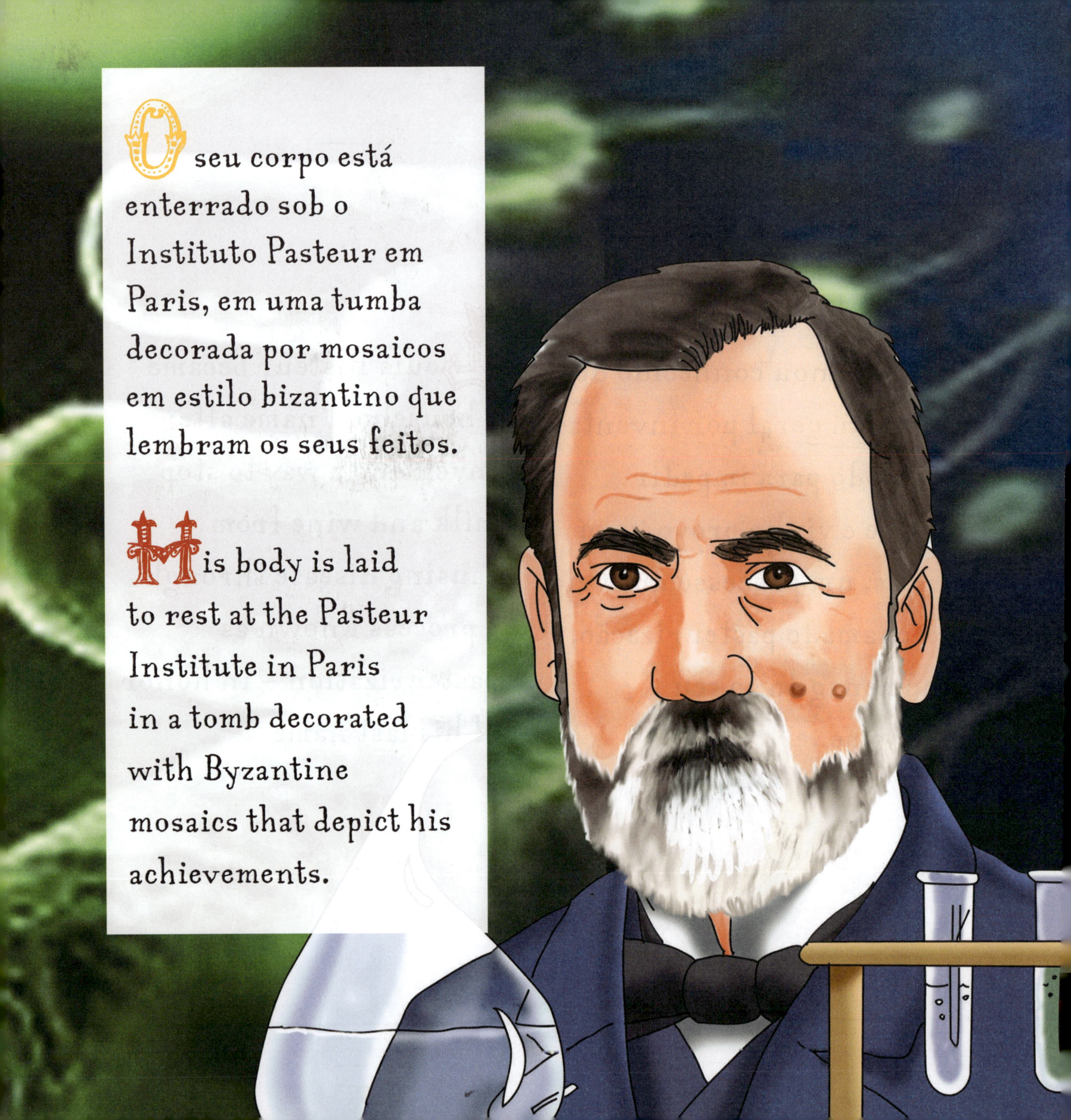

O seu corpo está enterrado sob o Instituto Pasteur em Paris, em uma tumba decorada por mosaicos em estilo bizantino que lembram os seus feitos.

His body is laid to rest at the Pasteur Institute in Paris in a tomb decorated with Byzantine mosaics that depict his achievements.